Thérèse Bentzon

La Sociologie
en action

Le savoir
en poche

ISBN : 978-1548093068

10 9 8 7 6 5 4 3 2 1

Thérèse Bentzon

La Sociologie
en action

Le savoir
en poche

Table de Matières

Section I

Les admirateurs intransigeants de l'art pour l'art sont très opposés aux incursions de la sociologie dans la littérature ; cependant, il faut bien admettre qu'elle se glisse partout à notre époque, dans les sphères de l'imagination comme ailleurs. L'analyse exclusive de soi semble condamnée à céder le pas à l'étude des diverses fonctions, des diverses phases d'activité qui doivent caractériser la société humaine ; l'altruisme se développe par la pratique élargie des œuvres dites autrefois de charité et trop souvent confiées exclusivement sous ce nom à des mains spéciales ; elles s'imposent aujourd'hui à tous en vertu de cette solidarité qui, si elle n'est pas un vain mot, mettra en rapport de plus en plus direct les pauvres et les riches. Déjà le rapprochement des classes s'effectue peu à peu, et des situations nouvelles dans le roman comme dans la vie semblent en résulter.

On le voit surtout en Angleterre où des esprits plus pratiques que les nôtres, vont droit au but lorsqu'il s'agit de réformes. Si les livres de M. Richard Whiteing par exemple sur la misère des bas-fonds de Londres et la situation des paysans y obtiennent un succès particulier, ce n'est pas seulement parce que *N° 5 John Street* et *The Yellow Van* sont solidement charpentés, écrits avec lu profonde connaissance du sujet, d'un style ferme et naturel que relève la dose voulue d'humour ; c'est d'abord parce qu'on y sent vibrer un appel à la justice et que la démocratie de l'avenir y apparaît sous un aspect vraiment religieux, — l'essentiel de la religion étant au-dessus de toutes les formes extérieures, dans l'amour, dans l'oubli de soi et la véritable fraternité, la fraternité active du Samaritain. M. Whiteing ne pourra vivre tranquille tant que les neuf dixièmes du genre humain, ce qu'on appelle en anglais par euphémisme *the other half*, seront privés, jusqu'à la famine, de tout ce qui vaut la peine de vivre, tandis que l'autre dixième a toutes les infirmités qui résultent de la pléthore et de l'excès. D'une main vigoureuse il secoue ceux qui s'endorment dans le bien-être et leur prouve qu'il dépend d'eux que se produise une renaissance morale.

« Quelque ennuyeux sermon alors, diront ceux qui n'admettent d'autre devoir pour l'écrivain que celui de procurer à ses lecteurs le frisson du beau, quitte à y mêler d'autres frissons d'un ordre beaucoup moins divin. — Ou bien peut-être une utopie dans le genre des visions de l'Américain Bellamy, cet économiste déguisé. »

Point du tout, mais une enquête vivement menée à laquelle le mot d'amusante pourrait s'appliquer, si elle n'était avant tout terrible. M. Whiteing cherche simplement à découvrir le secret des cruelles inconséquences qui, à tous les échelons de la société, composent la vie moderne. Il s'est peint lui-même dans le personnage de son invention qui, un jour, à Londres, sur les marches de la Bourse, contemple l'étonnant échiquier de richesse et de pauvreté, d'abjection et d'orgueil déroulé au-dessous de lui. L'épouvante qu'il en ressent le fait fuir à l'autre extrémité de la terre, mais, là encore, il retrouve la Grande-Bretagne, sur les plages de lointaines colonies où sévit une foi superstitieuse dans la grandeur de la métropole qui est censée leur envoyer, en outre du plus haut exemple moral, d'inappréciables secours sous forme de machines à coudre et de livres pieux. Chargé par le gouverneur de certaine île des mers du Sud d'écrire un rapport sur les mœurs et coutumes de l'Empire pour l'édification des sujets Tahitiens à demi de la reine Victoria, le héros de *N° 5 John Street*, jeune homme de très bonne famille, pourvu de trois superbes résidences dans trois comtés différents et de 250 000 francs de rentes, désire se rapprocher un peu des réalités qu'il doit peindre et va prendre gîte en conséquence, sous un nom supposé, au cœur d'un *slum* qui sépare deux des plus belles rues du West End. Aussi facilement que s'il possédait la béquille d'Asmodée, X... (le narrateur n'a pas à nous donner son nom) passe des palais d'un quartier riche aux antres de la plus noire misère. Un prétendu voyage, une chasse imaginaire aux canards de la mer Caspienne, lui permettra de disparaître. Il se trouve ainsi en mesure d'écrire pour l'île lointaine qui l'honore de sa confiance un journal étrangement bariolé dont le récit le plus piquant est celui du spectacle féerique donné aux pauvres comme aux riches par le Jubilé de la Reine ; mais, ayant relu plus tard ces pages tracées aux heures d'abandon et de sincérité, il s'empresse de les déchirer en ne laissant que le tableau banal de fêtes inouïes où sont traînées à la suite d'un char de triomphe toutes les nations de la terre. A quoi bon nuire au respect superstitieux que les bons insulaires ont de la mère patrie ? A quoi bon leur dire toute la vérité ? Ils n'y croiraient pas. D'ailleurs, qu'est-ce que la vérité ? Cette question s'impose comme aux jours de Pilate.

Il expédie donc force journaux illustrés avec de prudents commentaires qui mettent en lumière l'énergie industrielle de l'Angleterre. Ce qu'il a vu des sacrifices humains, sur lesquels sont échafaudées les fortunes immenses d'une ploutocratie qui traite de haut maintenant la vieille aristocratie anglaise, il se gardera d'en souffler mot ainsi que de beaucoup d'autres choses ; mais son expérience lui profite ; grâce à elle, il peut se mettre à la place de gens auxquels il n'avait guère pensé jusque-là qu'en écartant ce qui de ces fugitives réflexions lui semblait trop désagréable. Volontairement il est entré dans la peau d'un petit employé de fabrique, teneur de livres en sous-ordre, qui gagne trois francs par jour et prétend vivre du fruit de son travail. Un homme de peine, attaché par intérim à la même fabrique, l'aide à trouver un logement dans la maison qu'il habite. C'est une des vieilles demeures du XVIIIe siècle que conserve encore John Street [1], au milieu de sordides bâtisses relativement récentes. Plus sale, plus décrépite encore que les autres, elle est assez vaste pour loger tout un monde. Le premier dégoût qu'il ait à surmonter est celui de boire une pinte de bière sur le comptoir avec l'individu qui lui à obligeamment procuré son gîte *The Cove*, comme on l'appelle, ce qui serait le *Zigue* en argot parisien, Covey pour sa bonne amie, est une espèce d'Hercule. Avec sa petite tête ronde posée sur d'énormes épaules, ses bras musclés, « sa figure de combat, » il réalise le type du flâneur de profession qui fait un peu de tout, sans exception ni scrupule, et le plus souvent ne fait rien. Il est évidemment moins avisé que ses pareils de chez nous ; capable au besoin d'alléger de ce qu'elle contient la poche d'un ivrogne, il n'exploiterait pas une femme et ne battrait pas un enfant. Ses coups libéralement distribués sont pour d'aussi forts que lui.

Voici les deux amis logés porte à porte sur le même palier, et Covey apprend au nouveau venu, un richard à ses yeux, puisqu'il gagne 18 shillings la semaine, comment dans John Street doit être distribué un tel budget : loyer 2 shillings, 2 fr. 50 ; charbon et chandelle 6 pence, 12 sous ; blanchissage et service, confiés à une voisine, 2 shillings ; nourriture, 1 shilling 6 pence par jour ; dépenses diverses : allumettes, fagot, savon, journal, omnibus, etc., 1 shilling et 6 pence. Il en reste autant pour faire la fête le samedi soir et le salaire se trouve dépensé tout entier. Covey n'a rien gardé pour la toilette : « Les habits, dit-il, ça vous arrive toujours on ne sait comment. Je n'en ai jamais manqué tout à fait et je n'ai jamais eu le moyen d'en acheter. Ça se gagne aux courses ou autrement. Faut pas se tourmenter de tant de choses. Si vous êtes malade, il y a l'hôpital, et quant à la vieillesse, ceux qui font de vieux os sont rares. N'ayez pas peur : courte et bonne ! » Pour mener la vie courte et bonne, Covey se contente de douze sous par jour, ce qui suffit à lui procurer du café, un morceau de pain et quelques débris indéfinissables qui, à la porte des boucheries populaires, se vendent sous le nom d'*ornements*.

Son insouciance est peut-être une première explication de la misère à Londres. Covey trouverait *mean*, absolument vil et méprisable d'économiser, même s'il le pouvait. En cas de chômage absolu, il n'a d'autre ressource que de mettre son unique vêtement en gage, ce qui ne l'empêche pas d'être toujours disposé à prêter aux camarades, pourvu que l'emprunt ne soit pas de plus de 6 pence et qu'à partir du second jour, on lui rende par acomptes.

Il faut être à la fabrique dès sept heures ; à huit, la foule des ouvriers sort pour être absorbée par les innombrables et dégoûtants petits cafés qui attendent leur proie ; là, des bancs de bois, des tables tachées de liquides sans nom, une atmosphère de hareng grillé et de lard rance. Changement notable pour un délicat habitué aux premiers déjeuners servis dans la serre après le tub, aux thés de cinq heures chez des duchesses et aux dîners en musique.

On se repaît à la hâte et sans échanger un mot ; autant de pourceaux devant l'auge. Un chiffon graisseux, le journal du matin, circule cependant. Après avoir fait le tour des tables, il n'est plus qu'une loque.

A huit heures et demie, la cloche sonne ; les hommes rentrent en éteignant leur pipe d'un coup sec contre les montants de la porte où un gamin fait le guet pour ramasser le peu de tabac qui tombe. C'est un vrai profit, car les pipes s'éteignent par centaines ; il lui arrive de revendre jusqu'à deux sous de tabac, à moitié prix, bien entendu. Avec cela, et en ouvrant les portières des fiacres, il ne meurt pas de faim.

A une heure, le dîner ; on a le temps, cette fois, de lire les nouvelles de sport, les rapports de police, de causer chevaux et chourinage. Cette loterie, le sport, est le seul motif d'espérance que les pauvres diables aient au monde.

A deux heures, on reprend le travail jusqu'à six, — neuf heures et demie de labeur quotidien, après lequel on peut rentrer chez soi ; mais on n'y est pas toujours tranquille. Dès la première semaine, X... entend crier au meurtre, ce qui arrive souvent le samedi soir. — Les samedis soirs sont gais ! lui dit Covey.

Un tourbillon d'hommes, de femmes, d'enfants, se précipite comme au spectacle, et la scène en vaut la peine. Un matelot ivre vient de frapper brutalement un misérable petit garçon qui, endormi sur l'escalier, avait failli le faire trébucher, et une grande fille robuste, prenant le parti du plus faible, a d'un coup de poing ensanglanté le nez de l'agresseur. Celui-ci va répondre par un coup de couteau, et, n'ayant d'autres armes que celles que lui a données la nature, la bouquetière, car c'en est une, — le panier vide jeté à côté d'elle el le chapeau qu'elle a perdu dans la bagarre, une espèce de casque à plume brisée, l'indiquent assez, — la bouquetière passerait un mauvais moment si Covey, qui a suivi la foule, les mains dans ses poches, ne reconnaissait soudain Tilda, sa bonne amie. Son poing de fer s'abat aussitôt sur la mâchoire du matelot, qui tombe sans connaissance en laissant échapper le couteau, trophée que Covey s'approprie avec soin, tandis que l'enfant, cause de tout le tumulte, un petit être hâve, sans habits, sans souliers, sans casquette, sans rien que les os ou il s'en faut de peu, échappe aux bienveillantes effusions de sa protectrice. Il se méfie ; on ne l'a jamais touché que pour lui faire du mal. Vite, il regagne la rue par cette porte perpétuellement ouverte, derrière laquelle se réfugient d'habitude tous les petits vagabonds qui n'ont pas les quatre pence indispensables pour se mettre à couvert la nuit. Ainsi se passe la soirée du samedi au N° 5 de John Street.

Pendant ce temps, une baraque, louée dans la cour sous le nom de hall pour servir aux usages publics les plus variés, abrite les prières d'une secte bizarre ; des aboiements et d'autres cris d'animaux sortent d'une vieille serre délabrée convertie en ménagerie, et les ténèbres du sous-sol engloutissent, derrière la femme larmoyante et mal peignée qu'avait suivie le matelot, des jeunes gens de mine suspecte qui pourraient bien être des voleurs, car la police a fait, une fois, dans cette partie de la maison, une forte rafle de cuillères d'argent. Quant à l'amazone Tilda, elle a disparu aussi avec la compagne qui partage son logement, une pauvre petite poitrinaire que l'absorption des vapeurs de naphte et de sulfure de carbone respirées dans une fabrique de caoutchouc conduira, vers la fin de ce sinistre récit, à la plus affreuse mort.

Le numéro 5 recèle encore plusieurs personnalités intéressantes : un ancien soldat de Balaklava, chargé, le matin, de réveiller tous les locataires en frappant de porte en porte, à prix fixe, et qui, le soir, montre la lune à travers un télescope. Personne ne se doute qu'il fut un héros, jusqu'au moment où on le voit figurer au Jubilé dans les honneurs avec les sur vi vans de la fameuse charge ; — un colleur d'affiches, qui déclame perpétuellement contre l'aristocratie, écrit à lui tout seul un journal rouge et n'est connu que sous le sobriquet ironique de vieux 48 ; — un anarchiste russe d'apparence distinguée dont nul ne cherche à bien comprendre les conférences incendiaires. L'anarchie est chose trop peu pratique pour faire encore fortune dans le bas peuple anglais. Cependant cette maison ne loge pas seulement des pauvres. Au premier étage, un préparateur de fourrures applique avec férocité le terrible *sweating system*, faisant suer et ressuer un ramassis de misérables étrangers. Mais les inspecteurs sanitaires ?… Oh ! bien, ils ne soupçonnent pas la moitié des professions qui s'exercent ici. A leur approche, les tout jeunes ouvriers se transforment en une innocente petite famille jouant au loto. De même, les inspecteurs scolaires se laissent prendre aux mensonges ingénus des enfants qui ne vont pas à l'école. Mentir, c'est la première leçon qu'ils aient reçue et les voisins ne se dénoncent guère les uns les autres ; on n'y gagnerait rien ; si la gardeuse d'enfants du second étage dénonçait le fourreur du premier, qu'est-ce que le fourreur ne pourrait pas dire sur la gardeuse d'enfants ? Chacun a des ressources merveilleuses pour dépister les agents de l'autorité. Cependant des arrestations assez fréquentes se produisent. On reconnaît le récidiviste à l'évidente habitude qu'il a de tendre les poignets aux menottes et à sa docilité envers les agents, qui de leur côté lui témoignent de certains égards.

Ce qu'il y a de meilleur dans John Street, c'est Tilda. De son frère défunt, boxeur de profession, elle tient les secrets du métier qui lui reviennent quand elle est en colère. Son empire sur tout ce qui l'entoure est celui du courage et de la beauté ; ceux qui la connaissent la déclarent « respectable, » car son intimité avec Covey est conforme au code de l'étiquette locale ; ils se tiennent compagnie avant l'engagement définitif. Plus tard, ayant vaguement entrevu un nouvel idéal, elle s'excusera ainsi : « On ne m'a rien appris de bon quand j'étais enfant, à Covey non plus. Et c'est comme ça que nous en sommes venus à nous accrocher ensemble au même clou. Tout le monde dans John Street a pareille histoire. On n'y peut rien. Si vous vouliez raccommoder, vous ne feriez que déchirer l'étoffe. C'est des petits qu'il faut s'occuper. Laissez mourir les. vieux… nous autres… Et puis vous verrez le changement ! »

Nous commençons en effet à voir le changement depuis que la philanthropie anglaise s'applique à protéger, à diriger l'enfance, à préparer l'avenir de la nation ; les excellentes écoles de réforme et d'industrie, si différentes de la maison de correction telle qu'on l'entend ailleurs, et que l'on doit presque toutes à la charité privée, se multiplient : peu de pensionnaires, — de cinquante à cent seulement à la fois, — rien qui ressemble à une caserne, à la seule discipline mécanique ; enseignement religieux, physique et industriel avant tout ; l'effacement raisonné du stigmate qui s'attache à ce qu'on appelait autrefois la prison, même quand il ne s'agissait que de délits très légers dont l'abandon et la pauvreté étaient cause. Autrefois l'enfant envoyé au *reformatory* devait d'abord passer au moins dix jours en prison ; il n'en est plus ainsi ; le *reformatory* est une institution comme une autre d'où sont déjà sortis beaucoup de braves gens et dont s'occupent avec une activité louable les membres les plus distingués de la société. Il s'ensuit des progrès indiscutables : en trente ans, le nombre des condamnations aux travaux forcés a baissé de 11 000 à 3 000 par an ; les naissances illégitimes ont diminué dans une singulière proportion, de seize à huit sur mille, et dans les cinq dernières années, la dépense en alcool s'est trouvée réduite de dix-sept millions de livres sterling [2].

Cependant les *slams* de Londres avaient encore une lamentable physionomie en 1900, époque où parut le *N° 5 John Street* dont le vingt-deuxième mille est sous mes yeux.

Ce qu'il y a d'horrible dans cette maison typique, c'est que jamais elle ne se repose. La nuit, elle mugit ou grince comme un navire sous le vent ; jurons, chutes dans l'escalier, hurlements d'enfants, portes qui claquent, tapage de diverses industries, cris d'animaux, bavardages par les fenêtres, bris de vaisselle ; départ pour l'atelier, retour de l'école, pour les enfants qui, pourvus de bons parents (il y en a), vont à l'école ; les autres sont enfermés tout le jour tandis que leurs oppresseurs vaquent dehors à une besogne quelconque. On les voit aux fenêtres, tristes, barbouillés, gémissants, se traîner comme des larves ; ils regardent d'en haut les favorisés qui jouent dans la cour. Mais beaucoup ne jouent pas, ils sont loués au fourreur, qui les fait travailler à un sou par jour. La nuit le vacarme devient pire ; ce sont dans la rue des rixes, des débordements d'injures ; la porte éternellement ouverte fait de l'escalier un lieu de rendez-vous, parfois de duels, de duels à mort. Le cadavre d'une femme inconnue a été trouvé le matin sur les marches de cet escalier infect, la malheureuse ayant été assommée à portée des oreilles de locataires indifférents qui ont cru à une simple discussion conjugale.

Jusque-là John Street ne diffère pas beaucoup cependant des autres John Streets qui, sous différents noms, sont la honte de tous les grands centres de civilisation ; il faut attendre le dimanche matin pour qu'elle prenne une physionomie exclusivement anglaise. Alors, même dans cet enfer, les influences religieuses se font sentir. Voyez cet homme âgé, tout de noir vêtu, d'apparence respectable : c'est un missionnaire qui fut jadis boutiquier dans le monde et qui maintenant occupe ses loisirs à ramener les âmes égarées. Il y met la politesse dont il usait jadis envers ses clients. Sous prétexte d'apporter un petit cadeau, il se glisse dans la chambre de Covey, par exemple, et déroule une lithographie coloriée représentant la reine Victoria qui offre une Bible à un sauvage désireux de connaître les causes de la grandeur de l'Angleterre. Le missionnaire est patriote et croit fermement que le drapeau britannique sera planté d'un bout du monde à l'autre à seule fin de répandre les Saintes Écritures enveloppées dans ses plis. Tout l'univers doit comprendre plus ou moins l'anglais, et l'anglais est certainement la langue que parleront les justes dans un monde meilleur. Le Créateur doit être au fond un Anglais, car il possède au suprême degré les vertus britanniques.

Tel est, sans qu'il exprime aussi nettement ses certitudes, le sens intime des convictions que le missionnaire s'efforce de communiquer aux habitants de John Street. Le portrait de la Reine évangélisant les sauvages est suspendu au mur qu'orne déjà celui de lord Beaconsfield, offert par les grandes dames de la *Primerose league*, lesquelles, à date fixe, viennent en voiture tourner du bon côté les sentiments politiques de ce quartier. D'autres élégantes répandent l'image suggestive de la *Madone* de Botticelli avec l'intention aussi louable que chimérique d'éveiller le culte du beau chez les ignorants. Toutes ces chambres sordides sont décorées de chromos et de photographies offertes par des sociétés de vertueuse propagande, sans préjudice de l'imagerie sensationnelle ou comique des journaux populaires, les plus grossiers qu'il y ait au monde, quoique le vice proprement dit en soit exclu ; la bêtise y supplée. Mais, pour revenir à la religion, les habitants mâles de John Street sont spécialement invités au service religieux d'une paroisse voisine dont le curé, un athlète du nouveau mouvement d'Oxford, les attire par la création d'un club où ils trouveront toutes les délices imaginables (sauf la bière), entre autres l'occasion d'un amical pugilat avec le jeune clergyman. Après avoir boxé contre eux le samedi soir, il leur apparaît dans sa majesté sacerdotale, à l'autel, le dimanche matin. On parle aussi de mystérieuses démarches tentées pour la conversion des Juifs par une société qui croit avoir jeté ses filets sur un des employés du fourreur, un Galicien rusé, habile à se faire entretenir le plus longtemps possible sous prétexte de scrupules et d'indécision. Mais le grand succès est pour l'Armée du Salut. Tambours et cymbales retentissent sur l'escalier ; de jolies filles, coiffées de l'affreux chapeau, font, souriantes et confiantes, irruption partout, même chez les célibataires. « Allons ! mon frère, vous m'aviez promis que ce serait pour aujourd'hui. Il s'agit de se convertir sans retard. Moquez-vous de moi, mes frères, nous n'en prierons que de meilleur cœur pour votre salut. Alléluia ! Finissons-en. Venez… Un peu de courage ! »

Et l'on voit le pauvre Covey suivre comme à regret la petite au tambourin, tout en jurant entre ses dents qu'il ne fera que regarder de loin la parade, bannière et musique en tête ; ce qui ne l'empêche pas d'assister au service en plein vent, tout en fumant sa pipe d'abord, d'un air de défi, puis d'accompagner l'armée à ses quartiers où l'on s'empare de lui si bien qu'il s'assied finalement au banc des pécheurs, sa pipe éteinte dans sa poche, la tête basse, les épaules arrondies par une vague confusion sinon par le repentir, tandis que toute la compagnie prie sur lui et pour lui à grand fracas.

C'est le jour du Seigneur, ce qui veut dire que les rues sont plus sales encore qu'à l'ordinaire, aucun coup de balai ni d'arrosoir n'y étant donné, en vertu du troisième commandement.

Covey, après avoir bon gré mal gré figuré au milieu de l'Armée du Salut sur la plate-forme des pénitents, et tout en attachant un grand prix aux portraits de la Reine et de lord Beaconsfield qui sont les plus beaux ornements de sa chambre, n'en assiste pas moins, faute d'argent pour aller ailleurs, aux réunions que la société anarchiste tient dans le hall. Cela l'amuse d'entendre parler d'un système d'après lequel chacun fait ce qu'il veut et est libre de forcer ceux qui ne veulent pas à faire comme les autres. Sous prétexte d'un cours de chimie, l'étranger qui hante la maison, déguisé en Azraël, expose l'effet des forces explosives. Avec une boîte de sardines, une vieille casserole, un bout de fil de fer et pour six pence de ceci, six pence de ça chez le pharmacien, vous pouvez soulever une montagne. — Voilà ce qu'a retenu Covey ; mais pourquoi on soulève une montagne et aux dépens de qui, il n'en a cure. Quelquefois les discussions politiques ont lieu publiquement dans Hyde Park entre le vieux 48 et un certain tailleur qui se pique de conservatisme ; mais ils se ménagent des rencontres moins solennelles dans la cour humide pour le grand plaisir des voisins qui alors se mettent tous aux fenêtres. Les rugissements d'une querelle de ce genre troublent singulièrement le plaisir d'un certain thé que Tilda donne dans sa chambre à ses amis avec un brin de formalisme, — thé très noir, fortifié de sandwiches épais d'un pouce. Il est difficile de causer avec Tilda, qui prend volontiers la politesse pour de l'ironie et se méfie des compliments ; mais, à défaut de conversation, chacun exhibe ses petits talents : Nancy, la jeune poitrinaire, chante avec trémolos une romance sentimentale et Covey imite les chants d'oiseaux. S'il était capable de s'habiller convenablement, il ferait fureur dans les cafés-concerts, mais mettez-lui donc un habit noir ! L'habit craquerait du haut en bas. Cependant les débats politiques continuent dans la cour, Tilda finit par les interrompre en se montrant à la fenêtre pour lancer un torrent d'injures et un paquet de fleurs fanées à la tête des champions. C'est Boadicée en personne que cette bouquetière, capable d'une sorte de moralité par dédain du vainqueur. Bien loin d'être soumise à Covey, elle le domine, le traite de haut. Bref, Tilda, nous ne pouvons trop le répéter, est, malgré sa parfaite ignorance de toute grammaire, la femme distinguée de John Street. On le voit bien, à l'occasion du Jubilé, lorsqu'elle entreprend de garnir de fleurs, à ses frais, la table des enfans, pour le banquet royal donné aux pauvres du quartier.

Personne dans Londres ce jeudi-là, le troisième jour des fêtes, ne se couchera sans souper. O miracle !

Dans le vaste entrepôt arrangé pour la circonstance, la table de Tilda, de l'avis des dames patronnesses, est un chef-d'œuvre. Elle a employé, pour la garnir, tout l'or qu'elle cache dans son corsage sous forme de bagues enfilées qui représentent ses placements. Covey lui-même plie sous le poids des fleurs rapportées du marché. L'effet de cette table brillante, entourée d'enfants misérables à tirer des larmes de tous les yeux et parmi lesquels on compte un certain nombre d'estropiés, est tel que les hôtes royaux le remarquent dès leur arrivée. La princesse a su par les dames patronnesses la générosité de Tilda qui refuse tout salaire ; elle la félicite de son goût : — Ce doit être délicieux de vivre à la campagne parmi ces belles fleurs. Là-dessus Tilda fait comprendre qu'elle ne connaît de la campagne que le marché de Covent Garden : — Mais comment pourriez-vous savoir, milady ?…

Et ce seul mot paraît intéresser la princesse ; elle éloigne du regard le Comité qui semblerait désireux d'intervenir et un dialogue s'engage entre ces deux femmes séparées par d'incommensurables espaces. Tilda, encouragée, parle de John Street, des samedis soirs, de l'acte du parlement qu'il faudrait pour arrêter tout cela et pour sauver les petits… De la viande deux fois par semaine et l'école,… cela vaudrait encore bien mieux que des banquets !

Elle balbutie, s'embrouille, éloquente cependant, comme si elle eût tout à coup et d'intuition compris cette puissance féminine qui doit être quelque chose de plus haut que le pouvoir personnel, puissance unique faite pour amener les peuples orgueilleux au joug de la tendresse, pour protéger ceux qui n'ont pas la force, pour rendre le monde heureux.

Avec un soupir, un long regard pénétrant, Milady, comme elle l'appelle, donne une poignée de main à la bouquetière et continue le tour de la salle. Très belle scène qui aurait pu facilement être banale ou manquer de vraisemblance et qui touche par sa simplicité.

La prière de Tilda a retenti en Angleterre. Ceux qui ont visité les nombreux *settlements* formés peu à peu autour de cette colonie sociale modèle, Toynbee Hall, le savent. Nous avons parlé ailleurs [3] des centres de récréation, des écoles de vacances et de ces *Cripple Schools* où sont soignés, *utilisés* les petits infirmes. Des mains bienfaisantes, des mains de femmes recueillent par milliers ce qui deviendrait, sans elles, l'écume des fau bourgs, ce qui formera, sous de bonnes influences hygiéniques et éducatives, une fraction honnête de la société. Beaucoup de bons esprits estiment que c'est le moyen le plus efficace, en somme, religion et sentiment à part, de servir la patrie.

Peut-être le récit du Jubilé royal et de ses splendeurs tient-il un peu trop de place dans le livre de M. Whiteing, mais il sert à mettre en lumière beaucoup de choses intéressantes. D'abord, nous voyons ce que pense de ces réjouissances tout le peuple convié à y prendre part. Des raisons de la fête il ne sait rien au juste. Elle indique un règne de soixante ans, voilà ce qu'a saisi cette foule lente à comprendre ; le règne de quelqu'un qui a tout ce que l'homme peut désirer au monde : la richesse, le pouvoir, l'irresponsabilité, la bonne chère, le droit de dormir sa grasse matinée. A cet être bienheureux on n'est ni dévoué ni hostile, mais le privilège imaginaire de faire tout ce que bon lui semble le rend presque sacré. L'émerveillement que causent son existence et ses attributs ne comporte pas plus d'amour que de haine. C'est moins un personnage qu'un gouvernement.

Quelques traits cependant de l'histoire contemporaine flottent dans telle ou telle mémoire. De certaines légendes sur la famille royale circulent et se transmettent ; elles sont généralement peu édifiantes. Covey, — dont le grand-père vagabonda aux environs d'un cabaret situé derrière le palais de Saint-James, jusqu'au jour où le recueillit l'horrible workhouse, — Covey connaît la Cour ; il a maintes histoires sur le vieux roi George IV qui courait des steeple chases au clair de la lune en bonnet de nuit et en pantoufles, ne se refusait rien, ni la boxe, ni les combats de coqs, ni la goutte ! « Oh ! à celui-là, le prince de Galles eût rendu des points ! Les frasques du prince de Galles, il aurait appelé ça sortir avec sa gouvernante. Dame ! c'était le bon temps ! »

Et c'est encore le bon temps que ces fêtes du Jubilé. Le seul feu d'artifice du premier soir vaudra quatre-vingts fois, dit-on, le poids de la Reine en or !

La glorieuse procession s'avance : les horse-guards, et, après, un général célèbre sur son cheval de bataille, les colonies avec leurs détachements militaires ; des jaunes, Chinois et autres ; des bruns, Sikhs, Cyngalais ; des noirs, géants de la Côte d'Or et des Antilles ; ceux-ci viennent de Bornéo, ceux-là du fond de l'Afrique, représentants d'un cinquième de la population du globe, et derrière ces vaincus, les vainqueurs en splendide appareil, armes dehors. A dix heures et demie du soir, les Iles Britanniques seront entourées d'une ceinture de feux et partout où s'étend l'Empire, c'est-à-dire dans le monde entier, des illuminations brilleront à la même heure. Mais la plus extraordinaire partie de la fête c'est l'aspect de la foule, de cette foule puissante, innombrable, marchant de spectacle en spectacle comme hypnotisée, sans qu'un seul instant l'ordre cesse de régner. Tout est à la joie cependant malgré les efforts que fait, au n° 5 de John Street, le Russe Azraël, qui ne se lasse pas de vociférer, montrant les dessous de ce luxe, de ces conquêtes, le prix que paye le peuple pour ce qui ne lui rapporte rien :

« Vous dévorez des continents tout entiers, n'importe, la moitié d'entre vous a le ventre vide. Non pas aujourd'hui pourtant où chacun se trouve satisfait de la tranche de bœuf et de l'orange d'un sou qu'on lui a mises sous la dent au milieu de cette orgie de richesses ! »

Idée diabolique qu'a cet homme de rappeler comme il le fait, en pleine trêve, toutes les misères un instant oubliées, de les passer en revue une à une à la lumière du bienheureux Jubilé. On se détourne de lui pour aller boire ; à tous les étages, dans tous les taudis, ce sont des bacchanales, et Covey résume l'impression générale contre le nihiliste en disant : « Ce que dégoise ce bavard-là vous donne comme un mauvais goût dans la bouche. »

Mais Azraël ne se borne pas à dégoiser ; il plante une bombe contre le somptueux hôtel de sir Marmaduke, le potentat des nouvelles forces aristocratiques, grands seigneurs de fraîche date qui, sortis du commerce et de l'industrie, refusent volontiers connaissance à toute noblesse antérieure aux Georges.

Azraël, lorsqu'il jette cette bombe, croit agir avec le désintéressement sublime d'un être qui ne connaît que les questions générales, n'admet ni frontières ni nationalités et ne hait que l'oppression sans daigner s'informer du nom des oppresseurs. Consumé par le sentiment de l'effroyable injustice sociale, il prétend n'en tirer vengeance que pour épouvanter les tyrans et les amener à capitulation. Mais sa haine, dite impersonnelle, a des dessous peut-être ignorés de lui-même. S'il a choisi la maison de sir Marmaduke pour la faire sauter, c'est que sir Marmaduke, intéressé dans toutes les grandes affaires, tire une partie de ses revenus énormes de cette Union du caoutchouc de la Grande-Bretagne et des Colonies dont les miasmes ont causé la mort de la petite Nancy. Nancy plaisait à Azraël. Il l'a prouvé par une harangue incendiaire à l'enterrement de la pauvre fille, et aujourd'hui il se venge comme le commun des mortels, tout en croyant de bonne loi être l'impassible messager de la justice. Au reste ce jour de vengeance sera le dernier de sa vie. Il a compté sans Tilda qui lui arrache des mains l'engin meurtrier et périt avec lui dans la lutte.

Ces fragments ne peuvent donner qu'une vague idée d'un récit dont la terrible actualité n'échappera sans doute à personne. Dans son existence en partie double, le narrateur nous fait sentir les ressemblances et les contrastes si saisissants, si suggestifs entre le-monde et le *slum* ; il n'est pas un prince Rodolphe courant les aventures, pas plus que Nancy et Tilda ne ressemblent aux Fleur-de-Marie et aux Fantine ; nous avons là devant nous des êtres de chair et de sang qu'une plume virile et sincère n'a voulu ni calomnier, ni embellir. Les parties les plus intéressantes du livre sont peut-être celles qui prouvent combien l'opinion peut changer sur les faits et sur les personnes selon qu'on les regarde d'en bas ou d'un certain niveau social, combien les différences de condition établissent de différences entre les manières de considérer la vie.

Le jour où le gentleman, déguisé en prolétaire, perd sa misérable place, il n'a presque plus de pensées en commun avec le personnage qu'il fut naguère dans le monde ; avant de retrouver un gagne-pain, il passera par tous les degrés de la misère, jusqu'au dernier soir où nous le voyons échouer à l'hospitalité de nuit de l'Armée du Salut. Sans doute cette misère est volontaire et passagère, il se l'impose à titre de sport ; mais c'est assez pour lui faire tout envisager à un point de vue nouveau, pour qu'il comprenne à quels abaissements, à quels délits peut conduire le manque d'ouvrage pendant une semaine seulement, et combien l'envie, combien la rage deviennent alors des sentiments naturels, inévitables.

Là-dessus, il rentre dans son ancien milieu, il goûte de nouveau à l'excès du luxe et des richesses qu'il approuvait pleinement quand jamais encore il n'avait cessé d'y avoir part ; mais il n'arrive plus à retrouver son ancien état d'âme ; il a beau se débarbouiller du masque de l'indigence, ses souvenirs le poursuivent tangibles et présents. Au grand bal masqué du Jubilé de la Reine, il verra distinctement, au milieu de l'éblouissant quadrille de tous les siècles et de toutes les nations, la figure blanche de Nancy sur son lit d'agonie. Elle seule semble réelle, tandis que tourbillonnent alentour les figures historiques d'Egypte, d'Athènes, de Rome, des Croisades, de la Renaissance, de l'Angleterre féodale, voire de la libre Amérique.

A la table fastueuse d'un magnat territorial qui ne possède pas moins de trois villes avec on ne sait combien de milles carrés de, campagne, il est ramené mentalement aux fétides gargotes de la fabrique ; les clubs dont la parfaite organisation et le service irréprochable ne laissent, aux plus difficiles, ni le temps ni l'occasion de rien désirer, lui rappellent la pinte d'ale lampée après que Covey en a soufflé la mousse, et devant les religions de salon qui sont devenues le pieux divertissement de la haute société anglaise, il pense avec une certaine indulgence aux missions bruyantes de John Street. Étaient-elles plus ridicules que les méditations hypnotiques auxquelles s'exercent certaines belles dames sous la conduite d'un brahmane exporté à grands frais des bords du Gange, séances préparatoires au Nirvana que termine le thé de cinq heures ? Ou encore que les moyens de régénération appliqués aux *slums* par une autre *chercheuse*, comme elles s'intitulent, qui veut apprendre au bas peuple ce que l'Allemagne pense de la Cosmogonie mosaïque ? Le but déclaré de ces missionnaires de salon est d'obtenir une réponse nouvelle à des besoins nouveaux, de donner de nouveaux cieux à une terre renouvelée ; mais l'Evangile de fantaisie qu'ils se font à eux-mêmes n'aidera personne à trouver le bon chemin.

« Ce qu'il faudrait avant tout, nous dit hardiment M. Whiteing, ce serait d'abdiquer l'hérésie monstrueuse du culte de soi, de l'absorption en soi ; ce serait de faire de la fraternité autre chose qu'une utopie politique, ce serait de donner à la démocratie moderne qui s'impose son vrai sens, un sens religieux. »

Comme on comprend en effet la fortune d'un livre tel que *Robert Elsmere* arrivant à son heure et jetant, il y a déjà une quinzaine d'années, les germes d'une nouvelle réforme qui répondait aux aspirations des cœurs haut placés !

Depuis lors, dans la ville où John Street existe toujours, hélas ! mais à de moins nombreux exemplaires qu'autrefois, on marche de tâtonnements en tâtonnements, mais on marche enfin, vers ce que M. Whiteing appelle la grande Renaissance morale, la nouvelle science de l'esprit et du cœur.

Voilà l'effet d'un roman. Dira-t-on quand même que la littérature de fiction doit être purement subjective, se borner à l'analyse subtile et complaisante de sensations personnelles ? Tout en reconnaissant que l'Art a le droit de n'être que de l'Art et de régner par la seule beauté, honorons cette autre forme d'art qui se donne pour mission d'envelopper d'intérêt et de vie la propagande du bien, d'orienter les âmes vers des voies nouvelles, celles de la fraternité et de la justice sociale.

Section II

Le besoin de cette propagande se fait sentir plus encore aux champs que dans les villes.

C'est la conclusion qui résulte d'un article très alarmant publié par la Société Sociologique de Londres [4], sur la vie de village en Angleterre. Le cri : « Revenez à la terre ! » est en opposition complète avec ce que prouvent les enquêtes et les statistiques. Telle qu'elle existe à présent, la vie rurale est pire que celle des villes, les chances de succès y sont moindres, la misère y est plus grande. « Tout ce que l'on clame contre la dépopulation des campagnes et la concentration des travailleurs dans les villes n'aura pas plus de résultat qu'un cri de perroquet jusqu'à ce que quelque chose soit fait enfin pour élever le niveau de la vie et celui des gages dans nos districts purement agricoles ; l'ombre lugubre de la workhouse plane trop largement à l'horizon du laboureur. » Et l'on sait ce que représente pour l'ouvrier sans ouvrage, pour la vieillesse à bout de force, la workhouse avec sa discipline rigoureuse, — la prison ni plus ni moins ; on l'a en horreur ; c'est cependant la dernière ressource de beaucoup de paysans.

Ceci paraît invraisemblable quand on a voyagé par les beaux jours d'été en Angleterre, à travers ces délicieux villages pareils à des décors de théâtre qui semblent posés là pour le plaisir des yeux et n'avoir rien à désirer au point de vue du bien-être, de la coquetterie ni de l'hygiène. Les cottages s'y entourent de fleurs, la vieille église, bordée de tombes vénérables, couvre de son ombre pieuse tout ce que ne protège pas l'ombre imposante du château.

Le tort du château cependant serait peut-être de gouverner le village de trop près ; c'est ce qu'a démontré M. Richard Whiteing dans un dernier roman, *The Yellow Van*. Sans avoir eu le succès de *John Street, The Yellow Van* est plus curieux, plus instructif encore pour nous autres étrangers, car si nos villes renferment des quartiers misérables et mal famés, rien dans nos campagnes ne donne plus, depuis longtemps, l'idée du système féodal tel qu'il subsiste en Angleterre.

Thérèse Bentzon

C'est à ce système que *The Yellow Van*, évoqué par M. Whiteing, fait la guerre. Et qu'est-ce que cette arme de combat au nom bizarre, « la Roulotte jaune ? »

Une roulotte en effet, pareille à celles de tous les forains ; seulement, l'affiche collée à ses flancs porte l'annonce de conférences telles que celles-ci : *La terre pour le peuple. Le peuple à la terre. La terre au peuple,* etc. Elle se promène cahotée sur de vastes espaces avec des temps d'arrêt aux portes de chaque village. Parmi les premiers curieux rassemblés autour de sa maison roulante, le conférencier choisit un président pour la séance du soir, et la plate-forme est dressée, car il s'agit de mener selon les règles le mouvement anti-féodal. C'est une situation intéressante ; d'un côté, l'antique appareil des lois et des coutumes, de l'autre, cet engin peint en jaune vif pour être vu de plus loin, assurément la plus petite des machines infernales dirigées contre un pouvoir gigantesque. Une poignée d'enthousiastes fait les frais de l'entreprise.

Les paysans écoutent, timides et inquiets, guettés de près par le garde forestier et par le *constable*. On leur dit du haut de la plate-forme : « Vous êtes un peuple privé de terres et tant qu'on que vous n'en aurez pas, vous serez pauvres. Si quelque chose arrivait demain aux usines et manufactures du Royaume-Uni, vous resteriez sans ressources, mais la ville ne réussit pas toujours à sauver la campagne et alors il n'y aura plus qu'à mourir de faim tous ensemble, prenez garde ! Dans le reste du monde civilisé, nul paysan n'est étranger au sol comme vous l'êtes. Quelque cinq cents représentants de la pairie possèdent un tiers de la terre arable ; de fait, presque toute la terre est réservée aux riches comme un jouet ; elle ne sert à rien d'utile, ce sont des parcs, des jardins, des réserves de gibier, et quoi encore… Les grands propriétaires vivent en majorité des revenus que leur procurent toutes les grandes entreprises de la Chine et du Pérou dans lesquelles ils ont une part. Même quand on demande à la terre quelques profits, ceux-ci ne pourraient suffire au propriétaire, au fermier et au laboureur ensemble ; c'est le journalier laboureur qui pâtit ; il est plus misérablement payé que partout ailleurs. Le système féodal s'est transmis intact en Angleterre, à la forme près, et la forme prétendue nouvelle est pire que l'ancienne. Le lord d'autrefois avait des devoirs, il payait les droits du seigneur en procurant des hommes et de l'argent pour le service de l'État ; il laissait aux pauvres toute la terre dont ils avaient besoin. Que vous reste-t-il maintenant du terrain communal si vaste jadis ? En un siècle, il s'est réduit de huit millions d'acres au moins, autant de gagné sur les pauvres. Le propriétaire vous tient serré corps et âme, le prêtre de la paroisse est nommé par lui, les fermiers, les commerçants du village sont en sa main ; les journaliers, habitant ses cottages, ne peuvent nourrir un porc et quelques poules, ou louer un arpent de terre qu'avec sa permission. Et j'ai dit louer ; acheter, jamais ! Le lord est d'ordinaire le magistrat, de sorte qu'il administre la loi qui pourrait vous donner raison contre lui. »

Tout cela est la vérité pure, mais ceux qui en conviendraient auraient aussitôt de si mauvais points qu'il ne leur resterait plus qu'à quitter le village. Aucune voix ne s'élève donc pour approuver ni pour discuter. Une espèce d'usurier, locataire d'un des manoirs qui dépendent du château, menace insolemment le conférencier ambulant de le faire arrêter, et la chasse seigneuriale qui passe se met à rire à la vue de la roulotte jaune, tandis que l'auditoire salue comme un seul homme.

Ceci se passe cependant sur les terres du duc d'Allonby, un duc modèle, au cœur généreux, aux idées libérales qui, comme beaucoup de ducs de nos jours, a épousé une Américaine, mais non pas, à l'exemple des autres, une milliardaire de New-York, tout simplement une jeune maîtresse d'école admirablement belle, rencontrée dans ses voyages sur la côte du Pacifique. Sa femme lui est intellectuellement supérieure, mais il a un noble caractère et a prouvé par son seul mariage le plus complet dédain des préjugés. Son désir sincère serait de contribuer au bonheur et au développement de cette partie de l'humanité dont il est maître.

En arrivant en Angleterre, la nouvelle duchesse est un instant émerveillée par l'ordre hiérarchique incomparable qui semble contribuer à une prospérité commune. Toutes les nombreuses propriétés de son mari se disputent l'honneur de la recevoir. Allonby, la demeure ancestrale, sera sa résidence habituelle ; mais, au nord et à l'ouest, d'autres terres rendent un revenu plus important. Le duc possède en outre une partie notable de Londres. Sa fortune embrasse des mines, des cités florissantes, des ports, d'immenses pâturages, d'immenses cultures avec une densité de population qui lui appartient comme tout le reste.

Le village est, pour l'entrée des nobles époux, décoré d'arcs de triomphe et de mâts vénitiens portant des inscriptions de bienvenue. Une procession s'est formée : en avant, la gendarmerie suivie de la musique ; puis les tenanciers du duc, gros fermiers à cheval dont les fermes sont d'élégantes habitations : on y mène presque la vie de château ; les petits fermiers, à pied, les journaliers derrière eux, au nombre d'une cinquantaine, aucun ne possédant un pouce de terre. Puis viennent en voiture les chefs des districts où s'étendent les possessions du duc d'Allonby, cadets de famille pour la plupart, ayant le goût des sports. Certain agent paraît investi d'une importance particulière ; c'est son affaire de recevoir les pétitions, de compulser des rapports à l'office central. Vient ensuite l'état-major du grand village industriel qui existe au-dessous du château, la tradition voulant que le domaine se suffise à lui-même et ne demande rien au monde extérieur ; là sont les forges, les ateliers de toute sorte : contremaîtres, surveillants, inspecteurs ; encore de la musique, puis une députation du Nord où le duc possède une station balnéaire au bord de la mer ; représentants du conseil municipal, délégués du port ; puis des mineurs en costume de travail tout neuf, la lampe à la main ; jusque-là, dans le cortège, l'absence de costumes locaux se faisait sentir. Un potentat, le *steward*, l'intendant d'Allonby, véritable ministre de l'Intérieur, avec une armée de serviteurs à ses ordres. Enfin, le contingent de Londres comprenant des employés de toute sorte, commandés par un membre du conseil, qui administre les immeubles situés en ville et se réunit à certaines dates sous la présidence du duc.

Mais voici le grand homme, celui qui centralise en sa personne la direction générale de toute la terre, le seul qui ait, de droit, des relations personnelles avec Sa Seigneurie. Il arrive orgueilleux, traîné par une paire d'excellents chevaux, et sa mine altière annonce assez le tyran de tous les tenanciers ; sans lui on ne peut rien faire, il faut se le tenir pour dit.

Les équipages de la noblesse et de la haute bourgeoisie des environs se sont joints au cortège qui va prendre le duc et la duchesse à la station du chemin de fer. Cloches, acclamations, musique. Les enfants de l'école chantent en cœur. Le duc salue aimablement à droite et à gauche ; près de lui la jeune républicaine qu'il a du jour au lendemain transportée dans de si hautes sphères a, quels que puissent être ses étonnements, l'air impassible et souriant d'une déesse de Versailles. Elle goûte bien le plaisir enivrant de la puissance, mais sans vouloir le dégager d'un sentiment de grave responsabilité qui déjà la fait réfléchir.

La *yeomanry* à cheval ferme la procession qui se dirige vers le château dont les remparts, noircis par le temps, et les hautes tours jaillissent du rocher où il est orgueilleusement assis.

Dans cette demeure ancestrale d'un si grand caractère, les réceptions vont succéder aux réceptions. Des hôtes royaux honoreront le jeune couple de leur présence. La duchesse américaine sera d'abord ravie. L'Angleterre de ses rêves lui a tenu parole : tout y est romantique, tout ressort, merveilleusement pittoresque, sur l'arrière-plan d'un passé façonné par l'histoire.

Mais elle en revient, car elle a le regard clairvoyant et le jugement sûr. En vain le chapelain du château, dans les tournées qu'il fait avec elle à travers le village, s'efforce-t-il de lui montrer les choses du bon côté ; elle ne s'y trompe pas.

Ce qu'on veut qu'elle admire c'est, sur une route embellie par l'art du jardinier paysagiste, les maisonnettes enguirlandées de chèvrefeuille, une école où la classe s'interrompt sur son passage pour des révérences, de gentils intérieurs où force chromos attestent une respectueuse fidélité à la dynastie régnante. La prison locale elle-même a l'air d'une chaumière décorative, et le chapelain, en cicérone habile, fait valoir tout cela, mais la jeune duchesse s'obstine à voir ce qu'on préférerait lui cacher : derrière le village par exemple, une rangée de tristes cottages où les vétérans du travail qui ont esquivé à grand'peine la workhouse vivent de deux shillings six pence par semaine que leur accorde la paroisse, six pence d'extra peut-être pendant l'hiver, et tout à payer, loyer compris. Il y a bien d'autres laideurs, bien d'autres abus. L'Américaine les découvre peu à peu et s'en afflige. Comment réussira-t-elle à faire régner la justice ? Le duc n'est pas toujours libre, hélas ! Les agents qui le représentent se passent parfois de son consentement et il ne peut guère plus les contredire qu'un roi ne contredit le Cabinet.

Ainsi, malgré son désir de complaire en tout à la femme qu'il adore, Sa Seigneurie ne pourra préserver dos vengeances qu'il a imprudemment attirées sur lui un brave garçon marié depuis peu à la *beauté* du village. Le jeune couple est expulsé de son cottage et s'en va mourir de misère à Londres. Pourquoi donc cette persécution ? Mon Dieu ! l'homme avait trop d'intelligence et trop de fierté. Excité par la propagande qui part de la roulotte jaune, il a osé élever la voix pour réclamer un réverbère dans la grande rue et l'amélioration du système des eaux, lors de l'institution d'un certain conseil de paroisse, privilège de date récente accordé par le Parlement aux ruraux désireux de conduire leurs propres affaires ; et il a voté hardiment pour le député censé radical. N'est-ce pas la révolution qui se prépare ? Que faire, sinon l'étouffer dans le germe ? La duchesse se trouve impuissante à défendre ses protégés, victimes de subalternes plus puissants que les maîtres. Elle qui vient d'un continent libre où chacun a sa place au soleil, souffre amèrement en pensant au prix terrible qui paye la prospérité dont elle est entourée : ces pêcheries, ces chasses à courre et à tir, ce luxe d'une aristocratie qui se croit généreuse, luxe démesuré dont meurt le paysan. Tout, en effet, est aux mains du grand propriétaire et du gentleman fermier ; la horde qui peine au jour le jour sera toujours battue par l'étranger libre de cultiver un lopin de terre à lui. La duchesse se sent complice d'iniquités dangereuses, elle mesure le néant de cette « active oisiveté » qui est devenue son lot : la société, dont elle n'avait considéré d'abord que la distinction extérieure, l'éblouit de moins en moins ; elle, en découvre les tares secrètes, elle la voit minée d'ailleurs sur plus d'un point, notamment par le règne de l'usurier, de l'homme d'affaires retors qui se glisse dans ses rangs en extorquant des signatures, en achetant les vieux châteaux, en ramassant tout ce qui tombe.

Chez elle cependant continuent les fastueuses réceptions par séries ; Allonby héberge de très grands personnages d'une parfaite nullité qui n'ont à la bouche que la pêche du saumon et la chasse au renard, des femmes endurcies par les exercices violents, joueuses de bridge enragées, froides au demeurant et dures comme de l'acier poli. Quelques-unes se posent en socialistes, mais leur hôtesse ne trouve aucun plaisir à ces balbutie-mens vagues, à cette pose puérile. Le fusil n'est pas chargé, dit-elle, ce sont des jeux d'enfants, des jeux ridicules. Oui, le monde commence à l'ennuyer ferme ; elle se réfugie dans l'amour profond qu'elle a pour son mari à qui elle ne peut cependant conseiller d'aller à l'école de la roulotte jaune. Celle-ci poursuit sa propagande sur les grands chemins, elle roule en réclamant, toujours la terre pour le peuple, l'État propriétaire, et comme : fermiers tous ceux qui savent se servir de leurs bras. En somme, le tableau du système territorial d'Angleterre tel que le met sous nos yeux *The Yellow Van* est sombre et plein de menaces ; mais les bons esprits savent gré à M. Whiteing de l'avoir tracé, même en le poussant un peu au noir.

Toute dénonciation individuelle, vaillante et sincère, peut avoir de grands résultats. Les réformes qu'a récemment subies le système pénitentiaire n'ont-elles pas été singulièrement stimulées par des livres révélateurs de ses plus mauvais côtés ? Nous n'en citerons qu'un seul, celui-là singulièrement suggestif, *Penal servitude*, qui parut il y a deux ans, sinistre d'aspect, vêtu de gris comme un condamné, avec la marque de la prison et la signature 5-Y-131 sous l'étoile rouge. Ce qui veut dire première condamnation à cinq ans, 131 étant le numéro du détenu, d'ailleurs fils d'un pair d'Angleterre et portant lui-même un beau nom historique.

Section III

La genèse de ces étranges souvenirs de prison est bien curieuse. Un fils de famille prodigue, extravagant, succombe aux difficultés que lui créent ses folies et ses dettes. Il est, à la fin de l'année 1897, accusé d'escroqueries du caractère le plus grave, arrêté, jugé, condamné avec la sévérité que rencontre en Angleterre, dès qu'il éclate publiquement, tout scandale parti de haut. La justice fut plus dure envers lord N… que s'il eût appartenu à la classe où se recrutent d'ordinaire les malfaiteurs, et une énorme publicité aggrava encore pour lui les conséquences du procès qui le déshonorait. Mais une chose beaucoup plus extraordinaire même que le spectacle d'un grand seigneur les menottes aux mains, fut celui de l'espèce de résignation stoïque, on pourrait dire d'incroyable bonne humeur, avec laquelle il supporta l'épreuve. Il nous dit bien qu'après les trois premières semaines de cellule, il était tellement hors de lui qu'il aurait brisé tout ce qui l'entourait, sans la visite opportune d'un prêtre ; mais cette exaspération intime ne se trahit jamais par aucun acte d'indiscipline. Interné dans la prison de Parkhurst, il prit résolument son parti de supporter le mieux possible ce qu'il ne pouvait éviter et même de faire servir tu bien commun son expérience personnelle. — Un prisonnier, dit-il avec grande raison, en saura toujours plus long sur les prisons que n'en peut savoir un magistrat. — Le voilà donc avec une occupation pratique ; celle de prendre mentalement des notes qui serviront plus tard. La conduite de lord N… fut au reste si parfaitement irréprochable qu'il y gagna de voir sa peine réduite de cinq ans à trois ans et neuf mois ; mais ce temps lui suffit amplement pour rassembler les matériaux d'un livre. C'est le plus précieux recueil de références pour les philanthropes qui s'occupent assidûment depuis quelques années d'améliorer le système des prisons ; et il a pour nous un intérêt particulier, celui de la révélation involontaire d'un caractère que l'énergie élève au-dessus de lui-même, cette énergie n'ayant été entamée ni par les désordres et les fautes du passé, ni par la peine infamante qui en fut la suite. Voilà un homme habitué au luxe et aux plaisirs d'une existence privilégiée ; il ne se plaint jamais de rien tout en publiant, quitte à donner plus de retentissement à sa propre disgrâce, ce qui peut appeler l'attention des réformateurs sur le sort de ses compagnons d'infortune.

A l'en croire, une prison est un peu le diminutif du monde : quelques vaillantes natures, un flot d'ignoble écume et, entre les deux, beaucoup de faibles et d'égarés qu'on ne peut appeler réellement mauvais. Et ce sont toujours les pires qui récriminent, qui se plaignent, ceux pour qui sont faites les condamnations au pain et à l'eau, les verges et au besoin le terrible martinet « laissant des cicatrices au corps et à l'âme, » tout cela nécessaire, paraît-il, contre de certains monstres à face humaine. Lord N… parle d'ailleurs assez légèrement des châtiments corporels ; l'habitude de recevoir- des coups de canne à l'école en guise de punition diminue leur ignominie aux yeux les Anglais qui partout respectent l'autorité. Ni aigreur, ni rancune dans les portraits des gouverneurs et des officiers de différents grades auxquels eut affaire ce condamné d'espèce toute spéciale ; on les sent justes et ressemblants. Le travail sédentaire lui a certainement coûté, mais tout exercice au grand air, fût-il dur, est, à son gré, un délassement.

La récolte des pommes de terre le ravit et il ne voit nul inconvénient à traîner une charrette : — C'était, dit-il franchement, ce que j'aimais le mieux. On attelle les hommes deux par deux avec une corde, et à ceux qui trouveraient là quelque chose de dégradant, je dirai qu'entre traîner une charrette, ou la conduire, ou encore pousser une brouette, il m'est impossible de voir une réelle différence. Aucune besogne imposée par la prison ne m'a trop répugné, parce que, dès le premier jour, j'avais décidé en moi-même de faire ce qu'on m'ordonnerait au mieux de mes forces. Somme toute, je me trouvai bien de cette résolution.

Le mérite qu'il pouvait y avoir à la tenir, semble lui échapper ; nul attendrissement sur lui-même ; toujours le bon sens pratique qui est bien de sa race, avec la somme de *manliness*, de virilité, grâce à laquelle un homme, quelles que soient ses erreurs, si humiliant qu'en soit le châtiment, n'est jamais abaissé dans le sens ignoble du mot. Est-il frappé par la maladie ? La paresse, permise au gibier d'hôpital, ne le tente pas : « — Je tricotais toute la journée, ce qui m'aidait à passer le temps ; l'essentiel est de s'occuper n'importe comment, de penser le moins possible à ce qui fut et ne peut plus être. »

Ne vous figurez pas cependant que lord N… soit devenu un modèle de vertu prêt à tendre la joue droite quand on lui frappe la joue gauche. L'anecdote suivante prouverait le contraire. Tout un hiver il est employé aux besognes assez dégoûtantes de l'infirmerie. Tandis qu'il lave l'escalier, un assassin condamné à la prison perpétuelle renverse son seau d'eau d'un coup de pied en passant, avec force injures contre les aristocrates. Lord N… reste impassible et recommence sa tâche sans mot dire ; mais le lendemain, il remplit le seau d'eau bouillante, ne doutant pas que le butor, qui retournera de la chapelle à sa cellule par le même chemin, ne recommence. En effet, ses pieds chaussés de souliers découverts sont échaudés de telle façon qu'il pousse des hurlements de douleur écoutés par N… avec le même sang-froid.

Les injures le frappent quelquefois par leur côté comique ; exemple : un individu le voyant transporter et vider les eaux sales, s'écrie à ses oreilles : — Jamais un gentleman ne consentirait à faire pareille corvée. Je ne la ferais, moi, pour rien au monde. — Sa position sociale, observe en lui-même lord N…, avait été à peu près dans le monde celle d'usurier ; mais, si désagréable qu'il fût, ce juif n'était pas bête, car un jour l'officier de service lui ayant dit : « — Vous ne cessez de vous plaindre et de réclamer, rappelez-vous une bonne fois que vous n'êtes pas à l'hôtel Cecil [5]. « — Soit, répondit-il, je suis mieux qu'à l'hôtel. Je n'ai pas de note à payer et j'ai un lord à mon service.

Le drôle ne cessait, par parenthèse, de faire passer de longs factums à toutes les loges maçonniques pour les intéresser à lui. »

Pendant la dernière partie de son incarcération, N… fut employé aux ateliers de reliure, branche très importante de l'industrie de la prison ; il prit goût à cette besogne, y devint assez habile. Sans doute l'exercice physique lui manque beaucoup, mais tous les hommes étant fouillés quatre fois par jour et cette opération se produisant dehors, c'est une gorgée d'air pur que l'on avale, en outre des vingt minutes passées chaque matin dans la cour. La réforme que réclame avec le plus de chaleur le n° 131 rendu à la liberté, est une heure entière par jour d'exercice au grand air. En être privé, pour certains tempéraments, devient torture et les démoralise.

Un esprit de corps curieux et touchant s'est éveillé chez lui pour ses compagnons de captivité ; il s'est attaché à beaucoup d'entre eux sans tenir compte de leurs crimes.

— La *clubbabilité*, dit-il, est une qualité innée chez l'Anglais et ce besoin de club s'affirme en prison autant qu'ailleurs. Certainement il y avait assez de variétés d'individus chez nous pour former un tout harmonieux ; la plupart des professions étaient représentées : médecins, avocats, clergymen, soldats, marins, instituteurs, les hommes d'affaires en majorité, bref un peu de tout, sauf le clergé catholique. Les prêtres de cette religion s'arrangent pour n'entrer dans les geôles que dans l'exercice de leur ministère.

Il n'est pas superflu d'dire que lord N… est catholique ; le chapelain de la prison lui prodigua des marques de bienveillance qu'il aime à rappeler. Avec l'espèce de naïveté qui reste aux hommes forts à travers les plus extraordinaires vicissitudes, il raconte comment, ayant été dispensé d'un quart de sa peine, en vertu des points gagnés par sa bonne conduite, il échangea l'uniforme de la prison contre les habits envoyés par son tailleur et l'impression qu'il eut, ainsi vêtu, de redevenir lui-même.

Son ami le chapelain vint le prendre en voiture et lui fit faire le premier bon déjeuner qui lui eût été servi depuis près de quatre uns, — impression inoubliable. Un autre prêtre qui l'avait connu dès son enfance l'emmena ensuite à Londres et aplanit pour lui le chemin où il allait rentrer. Il y rentra en regardant devant lui, dit-il, sans faire aucun mouvement à droite ni à gauche pour solliciter des sympathies assez naturellement récalcitrantes ; mais, on me l'affirme, beaucoup de mains se tendirent cordialement vers les siennes ; il a gardé des amis dans le monde auquel par la naissance il appartient. Je voudrais pouvoir ajouter qu'il donne aujourd'hui le meilleur exemple ; la voix publique malheureusement l'accuse de jeter autant que jamais l'argent par les fenêtres. A l'heure où sa famille lui en refusait, la vente énorme de son livre lui rapporta de fortes sommes. Il est maintenant assez difficile, pour des raisons que l'on devinera, de s'en procurer un exemplaire, mais l'apparition de *Pénal servitude* a coïncidé avec un adoucissement marqué du régime pénitentiaire déjà très modifié par la législation de 1864.

La classification des prisonniers en trois catégories dont la dernière n'a plus rien de rigoureux, les rémissions graduelles de la peine par l'effet de la bonne conduite sont des bienfaits récents. On a découvert qu'une nourriture mauvaise et insuffisante nuisait à l'état moral autant que physique des condamnés ; enfin, aucune prison ne renferme plus côte à côte, comme il arrivait encore à Parkhurst du temps de lord N…, des criminels et des démens.

Un autre livre que *Penal servitude*, paru presque à la même date et signé comme lui d'un numéro d'écrou, a contribué peut-être sinon à faire réfléchir les sociologues et les philanthropes, du moins à éveiller dans le public une pitié plus puissante que tous les raisonnements ; c'est *The Ballad of Reading Gaol* par G. 3. 3. (lisez Oscar Wilde). Je n'ai jamais beaucoup admiré autrefois les poésies d'Oscar Wilde, malgré les qualités de facture qui peuvent le mettre au rang de nos déliquescents les plus illustres. Quel qu'en fût le sujet, on y sentait, même à travers d'exquises délicatesses, je ne sais quoi d'artificiel et de malsain ; mais cette *Ballade de la prison de Reading* est un des cris de désespoir les plus déchirants qui aient jamais été poussés ici-bas. Là, rien de factice, rien de cherché, une âme en peine montrant à nu les révoltes qui la bouleversent, les craintes qui la tenaillent, l'horreur d'un sort qui fut pour ce raffiné plus épouvantable mille fois que pour tout autre. Il est curieux d'étudier l'un après l'autre les deux livres que la prison inspira presque en même temps à ces deux condamnés de nature différente : d'un côté des notes recueillies avec une scrupuleuse exactitude, sans passion aucune, du ton d'un homme qui a pris son parti et sait ce qu'il veut ; d'ailleurs nul mérite littéraire, sauf la simplicité qui est en elle-même une distinction. On se représente le prisonnier tel qu'il était à Parkhurst, calme, bien équilibré, d'une taille fort au-dessus de la moyenne, avec ce tempérament de sportsman, qui prend plaisir, faute d'autre exercice, au plus grossier travail manuel et goûte presque la nouveauté, étant né comme il dit, avec une cuillère d'argent dans la bouche, de manger avec une fourchette de plomb tout autre chose que des truffes. Celui-ci, quel qu'il fût, a pour ainsi dire purgé sa honte en la faisant servir au bien.

L'autre, nerveux, impressionnable, maladivement pervers, a exhalé dans un chef-d'œuvre les sentiments, les sensations multiples de l'artiste qui, « vivant plus d'une vie, meurt aussi de plus d'une mort. » Il faut lire le récit poignant de l'exécution dans la prison, exécution silencieuse, invisible, que révèlent seuls les battements à l'horloge du coup de huit heures et que cependant le malheureux a vue, entendue dans ses plus minutieux et plus atroces détails ; il faut lire et relire ce morceau qui vous hante pour savoir jusqu'à quel point peut être porté le don terrible et superbe de l'imagination ; c'est lui, bien plus que les juges et les bourreaux, qui inflige le pire châtiment, qui en centuple la cruauté, qui fait peser sur l'âme d'un seul les crimes, les remords, les supplices de tous jusqu'à ce que s'ensuive, comme il arriva pour Oscar Wilde, que dans la maison du lépreux se brise le vase rempli d'un parfum très rare. Seul aujourd'hui le parfum reste, le parfum acre et sanglant, mais de grand prix qui a nom *The Ballad of Reading Gaol* [6].

Section IV

Après avoir lu le roman des *slums, N° 5 John Street*, et le roman plus triste encore des campagnes, *The Yellow van*, et le livre si documenté sur la *Servitude pénale* et ce chef-d'œuvre hallucinant *la Ballade de Reading*, on se remémore le mot de Taine à propos de la société anglaise : « Toujours par-delà la tête humaine et le buste florissant, j'arrive à toucher la croupe bestiale et fangeuse. » Evidemment, à en croire les tableaux qui viennent de passer sous nos yeux, le bas peuple des faubourgs est certainement plus grossier, plus misérable, et la classe des cultivateurs non fermiers plus malheureuse, plus abrutie que ne le sont les mêmes catégories d'individus en France. La sauvagerie chez les mauvais s'accuse plus redoutable qu'on ne pourrait l'imaginer dans les pays où l'animal humain a moins de sang et moins de muscles. Cette race britannique puissante par l'énergie, l'orgueil, l'esprit de domination, qui produit de si admirables échantillons de pionniers, de colons, de travailleurs de toute sorte, a besoin d'être tenue en bride comme elle l'est au sommet de l'échelle par l'esprit religieux, l'habitude invétérée du respect, le sentiment strict du devoir, le culte général des convenances. Mais il arrive que l'excès de misère ne laisse subsister de ses qualités que l'inertie d'une machine, et l'abaissement une fois commencé devient vite complet sous l'influence de l'ivrognerie surtout qui crée la démence ou l'imbécillité. Laideur et beauté physiques, force et dégradation morales, tout est plus saisissant en Angleterre que chez nous.

Cependant des progrès extraordinaires s'accomplissent d'année en année dans ce pays de la lutte incessante, athlétique du bien contre le mal, lutte à laquelle chacun prête la main ; les *slums* s'assainissent, le nombre des criminels a diminué d'un tiers, la réforme des pénitenciers donne évidemment de bons résultats, puisque la décroissance de la criminalité, si marquée en Angleterre et dans le pays de Galles, ne se manifeste pas de même en Ecosse et en Irlande où les mêmes changements ne sont pas encore appliqués. C'est le problème rural qui paraît jusqu'ici le plus insoluble. La condition des paysans sous le règne de la grande propriété n'a fait depuis longtemps que s'aggraver. Seuls les résultats obtenus par l'*Organisation de l'agriculture en Irlande* peuvent donner quelque espoir ; depuis 1889 qu'existe la société de ce nom, les principes de coopération répandus parmi les fermiers ont élevé les crémeries irlandaises au rang de celles du Danemark, qui passent pour les meilleures du monde. Et d'autres industries locales se développent rapidement autour de l'industrie laitière ; en même temps, on a pu remarquer que l'Irlandais, aussitôt qu'il possède une parcelle de terre, devient conservateur au lieu de rester radical. Il a suffi, pour accomplir ce prodige, de l'impulsion donnée par un économiste, l'honorable H. P. Plunkett, fort au courant des conditions industrielles modernes de différents pays.

Pourquoi l'organisation et la coopération en matière d'agriculture ne s'introduiraient-elles pas dans le reste du Royaume-Uni ? Les révolutions pacifiques n'y ont jamais été rares. Des particuliers donnent l'élan, des agences volontaires se forment et l'Etat finit par s'en mêler. Qui sait si les desiderata proposés par M. Richard Whiteing ne se réaliseront pas à la fin ? Moins de parcs, plus de champs labourés, l'exploitation de la terre réglée sur des principes d'affaires qui lui feront rendre assez de blé tout au moins pour nourrir l'Angleterre, de bons gages aux bons travailleurs, des marchés bien organisés, les chemins de fer mis au service de l'agriculture, au demeurant moins de *poor taxes* libéralement payées par le propriétaire et plus d'indépendance pour le tenancier, qui s'attend trop à être secouru. Ce programme n'a rien d'extravagant et on peut compter sur les surprises que nous réserve un pays où les plus grosses réformes s'opèrent sans fracas, la machine sociale toujours solide, quoi qu'on en dise, sachant adapter ses rouages, elle l'a maintes fois prouvé, aux besoins du temps, et les classes dirigeantes montrant une inépuisable bonne volonté à favoriser le progrès, pourvu que des voix autorisées le réclament comme nécessaire, au nom de la prospérité générale.

Notes

1.	Il y a plusieurs John Streets à Londres. L'auteur a choisi ce nom afin de ne désigner aucune rue en particulier.

2.	Lire le rapport sur le budget de M. A. Chamberlain, 1904-1905.

3.	Voyez la Revue du 1er janvier 1905 : Impressions d'été à Londres.

4.	Sociological papers 1904, with on introductury address by James Brice, president of the Society, 1 vol., London, Macmillan and C°, 1905.

5.	L'un des meilleurs hôtels de Londres.

6.	Complétée par l'œuvre poignante en prose qui parut après

la mort de l'auteur sous le titre de De Profundis (Methuen and C°, London, 1905) et où l'on trouve, avec des paradoxes inouïs, d'admirables pages indiquant l'effet d'un tempérament exaspéré d'artiste sur toute la conduite de l'homme et ce que l'isolement, le silence de la geôle, peuvent produire chez cet être changeant, fluide, déséquilibré qui ne conçoit la vie que pour le mode unique de l'expression : « De l'autre côté du mur de la prison, il y a quelques pauvres arbres tout noirs, salis par la suie et qui commencent à pousser des bourgeons d'un vert presque criard. Je sais très bien ce qui leur arrive : ils trouvent le moyen de s'exprimer. »

ISBN : 978-1548093068